Einsterns Schwester

2

Themenheft 4

Lesen – mit Texten und weiteren Medien umgehen

Herausgegeben von
Roland Bauer, Jutta Maurach

Erarbeitet von
Susanne Famulla

In Zusammenarbeit mit
der Redaktion Grundschule Deutsch 2–4

Cornelsen

Inhaltsverzeichnis

So kannst du mit den Heften arbeiten

Du machst alle
Seiten der Lernportion 1.

Zuerst im grünen Heft.

Dann im roten Heft.

Dann im gelben Heft.

Und dann im blauen Heft.

Danach machst du in
allen Heften die Lernportion 2.

Nun machst du in
allen Heften die Lernportion 3.

Genauso bearbeitest du
alle anderen Lernportionen.

In diesem Heft
kannst du den
Grundwortschatz
vertiefend üben.

1 Wörter genau lesen üben

(1) Lies die Wörtertreppen mehrmals leise für dich.
Lies sie anschließend einem Partnerkind vor.

Gar
Garten
Gartenvo
Gartenvogel
Gartenvogelhaus

Son
Sonnen
Sonnenblu
Sonnenblumen
Sonnenblumenkern

To
Toma
Tomaten
Tomatensa
Tomatensalat
Tomatensalatre
Tomatensalatrezept

Scho
Schoko
Schokola
Schokoladen
Schokoladeneis
Schokoladeneisbe
Schokoladeneisbecher

(2) Lest die Zeilen mit den kleinen Wörtern abwechselnd.
Beginnt wieder am Anfang der Zeile, wenn ihr einen Fehler macht.

oft	durch	immer	nicht	hier	denn	also	fast
dann	einmal	ohne	viel	über	schon	wir	jede
alle	sehr	wieder	dort	heraus	kein	ja	mich
aber	danach	letzte	dich	mehr	ganz	am	nie
was	hinter	als	dein	noch	vor	euch	meistens
nämlich	ihr	auch	warum	nein	weil	unter	vorbei

MK-Tipp: Treppenwörter in verschiedenen Schriften am Computer schreiben und zentrieren

①

② Ordne jedem Satz das passende Bild zu.
Es entsteht ein Lösungswort.

Heft 4, S. 6 ①
1: P
2: ...

Lieblingsplätze

1	Fabian liest gern auf dem Sofa.
2	Janek liest gern unter der Bettdecke.
3	Lola liest gern im Liegestuhl.
4	Nasim liest gern am Küchentisch.
5	Tom liest gern auf dem Klo.

I

R

P

A

M

MK-Tipp: über das Lesen mit digitalen Medien sprechen

① Zu jedem Bild passt nur ein Satz genau.
Schreibe den Satz auf.

Heft 4, S. 7 ①
A: Die Spinne ... ✓
B: ...

A

Die Spinne spinnt ein Netz.

Die Spinne sitzt im Nest.

B

Der Vogel hüpft von Mast zu Mast.

Der Vogel hüpft von Ast zu Ast.

C

Der Hase sitzt auf der Wiese.

Der Hase flitzt über die Wiese.

D

Die Katze frisst Fleisch.

Die Katze frisst Fisch.

E

Der Elefant hebt seinen Rüssel.

Der Elefant trinkt aus der Schüssel.

1 Stolperwörter in Sätzen finden

① In jedem Satz findest du ein Wort,
das nicht passt.
Schreibe mindestens vier Sätze richtig auf.

Heft 4, S. 8 ①
A: Ein Flugzeug kann ... ✓
B: ...

A Ein Baum Flugzeug kann über den Wolken fliegen.

B Autos haben Katzen vier Räder.

C Wir fahren in einem Bus zur Schule Himmel.

D Motorradfahrer müssen Besen einen Helm tragen.

E Der Chef auf einem Schiff Hupe heißt Kapitän.

F Ein Uhr Hubschrauber kann in der Luft stehen.

②

So kannst du mit einem Partnerkind lesen üben

- Ein Kind liest den Text halblaut vor, das andere Kind liest mit dem Finger mit.
- Wenn ihr euch verlesen habt, wird die Stelle nochmals richtig gelesen und wiederholt.
- Tauscht am Ende die Rollen.
- Übt den Text mehrfach.

(1) Suche dir ein Partnerkind. Übt gemeinsam, den Text zu lesen.

Fang für mich den Sommer ein

Der Tag ist lange angebrochen.
Aber die Sonne ist noch nicht aufgegangen.

Es ist sehr kalt.
Das ist der Winter im Reich der Wikinger.
Eda begleitet ihren Bruder Sören zum Handelsschiff.
Sie ist sehr traurig, denn Sören wird lange auf See bleiben.

„Ich werde dir etwas Schönes mitbringen“, verspricht Sören.
„Fang für mich den Sommer ein“, wünscht sich Eda.
„Damit ich im Winter etwas habe, an dem ich mich freuen kann.“
Sören verspricht es. ◇

Alexandra Fischer-Hunold

(2) Schätze ein, wie flüssig dein Partnerkind den Text aus (1) lesen kann.

Du liest schon sehr flüssig.
Du liest fast flüssig.
Du musst noch üben.

MK-Tipp: sich mit Hilfe eines Lexikons oder einer Kindersuchmaschine über Wikinger informieren

So kannst du einen Text vorlesen

- Sprich laut und deutlich.
- Lies flüssig: nicht zu schnell, nicht zu langsam.
- Mache nach jedem Satz eine kleine Pause.

(1) Übe leise, den Text zu lesen.

Schwimmen

Der Sommer geht dem Ende zu. Die Hitze hängt noch in der Weide.
Ziege hüpft herum. Schaf trottet hin und her.
„Quääääk!“", gellt es direkt am Zaun.
Ziege sieht sie zuerst: Da steht Ente.

Ziege rennt zum Zaun.
„Es ist Spätsommer. Wir haben eine Verabredung!“, quakt Ente.
„Eine Verabredung?“, fragt Ziege.
„Ja, eine Verabredung zum Schwimmen. Am Ende des Sommers, wenn das Wasser im Graben nicht mehr kalt ist, wolltet ihr mit mir schwimmen gehen“, sagt Ente.
„Und das ist jetzt?“, meckert Ziege.
„Das ist jetzt“, sagt Ente. ◇

Marleen Westera

(2) Lest euch gegenseitig den Text aus (1) vor.
Beachtet die Hinweise aus dem Kasten oben.

(3) Gebt euch gegenseitig eine Rückmeldung,
wie gut ihr die Hinweise beachtet habt.

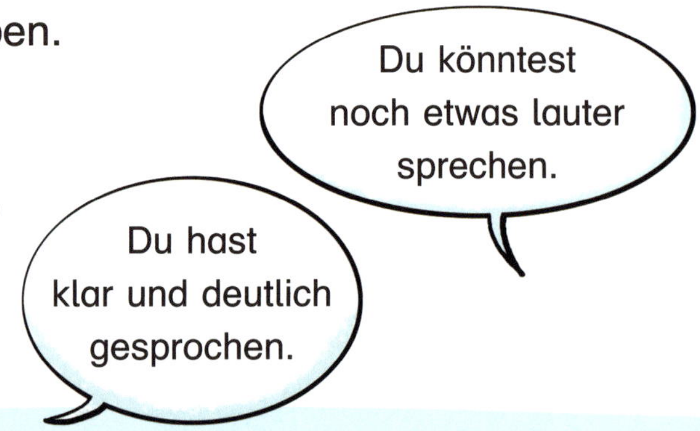

1 Lies die Zungenbrecher erst leise und dann laut.
Versuche, sie immer schneller ohne Fehler zu lesen.

Lila Flanell-Läppchen

Zehn Ziegen zogen zehn Zentner Zucker zügig zum Zoo.

Hexen hacken häufig heftig Holz.
Heftig Holz hacken häufig Hexen.

Es klapperten die Klapperschlangen,
bis ihre Klappern schlapper klangen.

Fischers Fritze fischte frische Fische.
Frische Fische fischte Fischers Fritze.

Blaukraut bleibt Blaukraut
und Brautkleid bleibt Brautkleid.

Auf dem Rasen
rasen Hasen,
atmen rasselnd
durch die Nasen.

Klitzekleine Kinder können
keinen Kirschkern knacken.
Keinen Kirschkern können
klitzekleine Kinder knacken.

2 Suche dir einen Zungenbrecher aus.
Trage den Zungenbrecher einem Partnerkind vor.

Lernportion 1: Wörter und Texte genau lesen

MK-Tipp: einen Lieblingszungenbrecher abtippen und gestalten

Ein Fernsehprogramm lesen

① Lies das Fernsehprogramm.

Kinderkanal

11:00	Schloss Einstein	14:30	Ein Fall für TKKG
11:50	Tiere bis unters Dach	14:55	Sesamstraße
12:20	H_2O – Plötzlich Meerjungfrau	15:20	Der kleine Rabe Socke
13:25	logo! Die Welt und ich	15:45	Tigerenten Club
13:35	Die Abenteuer des jungen Marco Polo	16:45	Siebenstein
14:00	Der kleine Drache Kokosnuss	17:10	Löwenzahn
14:20	Löwenzähnchen	18:05	1, 2 oder 3
14:27	Baumhaus	18:50	Unser Sandmännchen

② Prüfe bei jeder Aussage, ob sie stimmt oder nicht.

Heft 4, S. 12 ②
A: stimmt nicht
B: ...

A **Schloss Einstein** beginnt um 11:15 Uhr.

B **Tigerenten Club** kommt vor **Siebenstein**.

C **Löwenzahn** kommt nur einmal.

D **logo!** ist die vierte Sendung.

E Heute kommt **Ritter Trenk**.

F Um 14:50 Uhr fängt **Sesamstraße** an.

G **Baumhaus** ist die kürzeste Sendung.

H Die letzte Sendung ist **Unser Sandmännchen**.

Lernportion 2: Texte und Zeichen verstehen

MK-Tipp: digitale Fernsehprogrammhinweise nutzen

① Sieh dir die Wetterkarte genau an.

Das Wetter in Deutschland am 3. April

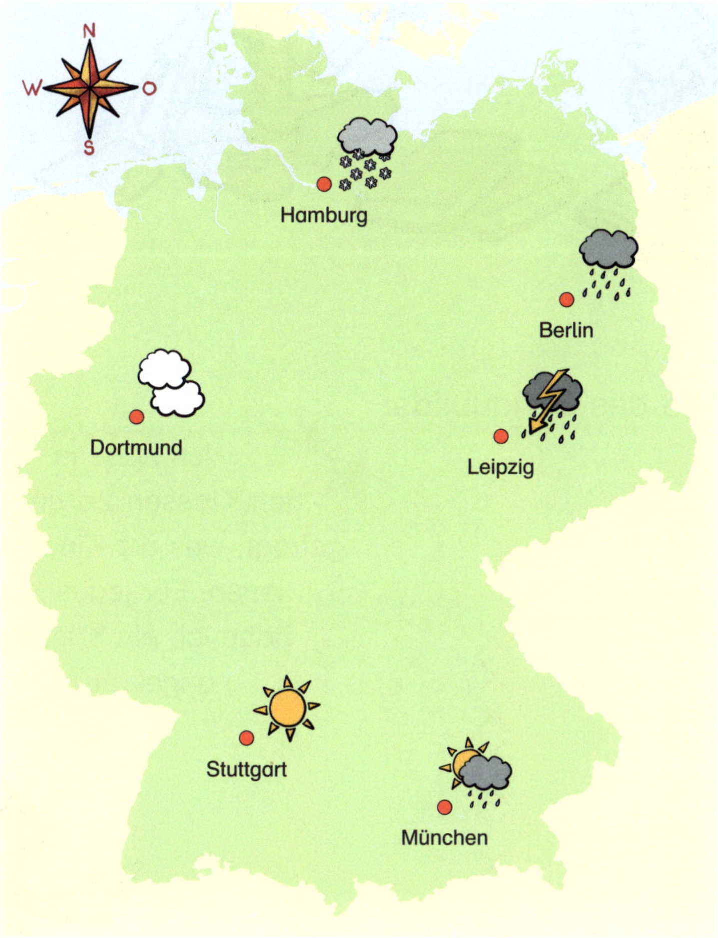

 = Sonne

 = Schauer

 = Regen

 = Wolken

 = Schnee

 = Gewitter

② Schreibe die vier Sätze auf, die zur Karte passen.

Heft 4, S. 13 ②
A: In München ... ✓

A In München sind Regenschauer möglich.

B Die Karte zeigt das Wetter am 3. Mai.

C Auf der Karte findet man alle Wetterzeichen.

D In Dortmund scheint die Sonne nicht.

E In Deutschland schneit es heute nicht.

F Wer in Berlin wohnt, sollte einen Schirm mitnehmen.

① Welche Bücher liest du am liebsten?
Tausche dich mit einem Partnerkind aus.

② Beantworte die Fragen mit Hilfe des Schaubilds.

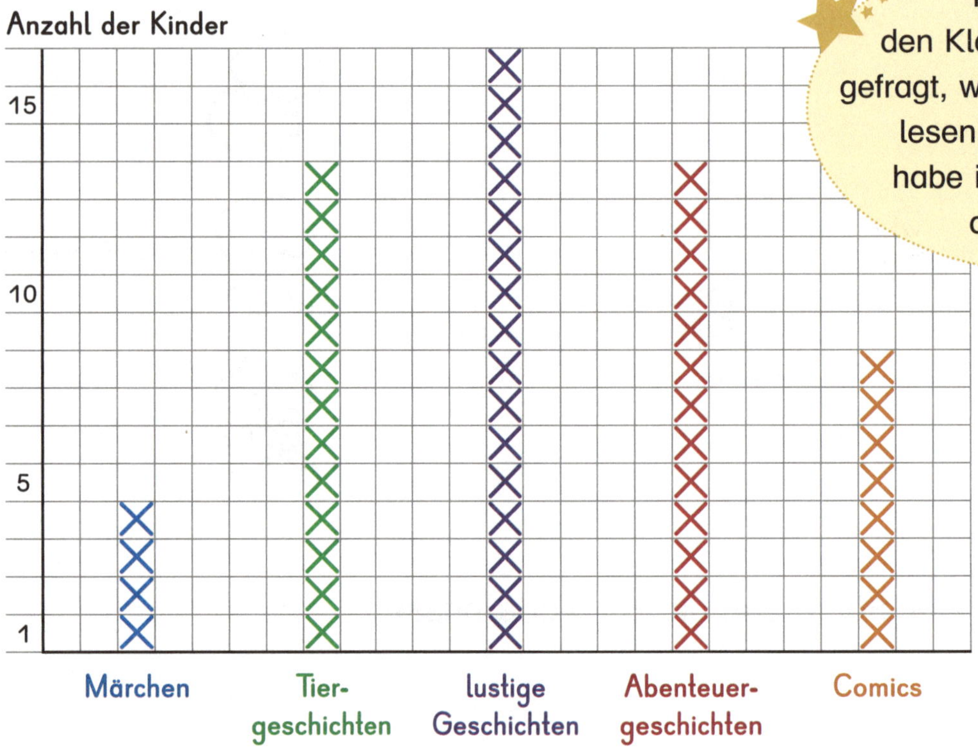

a) Wie viele Kinder mögen Abenteuergeschichten?

b) Wie viele Kinder lesen gern Comics?

c) Welche Bücher mögen die meisten Kinder?

d) Gibt es Bücher, die gleich gern gelesen werden?

e) Welche Bücher sind am wenigsten beliebt?

Heft 4, S. 14 ②
a) 13 Kinder mögen
Abenteuergeschichten.
b) ...

① Lies den Text genau.

Sportarten

In der Klasse 2b sprechen die Kinder über Sportarten.
Leon und Emira spielen Tennis.
Natalia und drei andere Kinder lieben das Tanzen.
Neun Kinder spielen Fußball.
Jakob lernt seit zwei Jahren Karate.
Die Zwillinge Roman und Anna gehen zum Schwimmen.

② Zeichne dieses Schaubild auf ein Blatt Karopapier.
Trage die Informationen aus ① darauf ein.

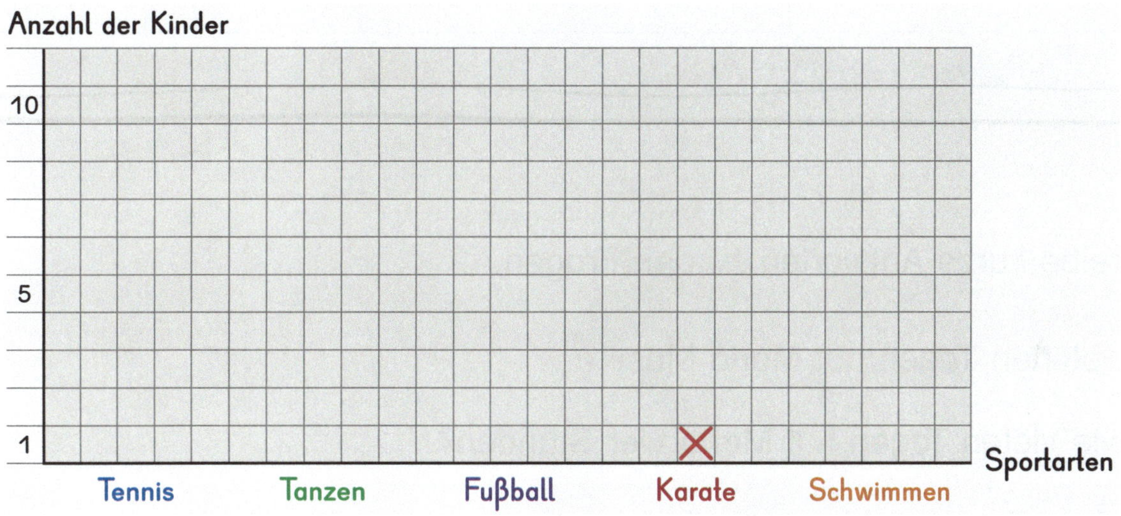

③

2 Einen Stundenplan lesen

① Lies Marias Stundenplan.

	Montag	Dienstag	Mittwoch	Donnerstag	Freitag
1. Stunde	Musik	Mathe	Deutsch	Religion	Religion
2. Stunde	Deutsch	Kunst	Mathe	Deutsch	Mathe
3. Stunde	Mathe	Sport	Sport	Musik	Deutsch
4. Stunde	Sachunterricht	Deutsch	Kunst	Mathe	Sachunterricht
5. Stunde	Sachunterricht				

② Schreibe kurze Antworten zu den Fragen.

Heft 4, S. 16 ②
a) Montag, ...

a) An welchen Tagen hat Maria Musik?

b) An wie vielen Tagen hat Maria vier Stunden?

c) Welches Fach hat Maria am Freitag in der dritten Stunde?

d) Welche Fächer hat Maria jeden Tag?

e) An welchen Tagen braucht Maria einen Malkasten?

f) Maria turnt gerne. An welchen Tagen freut sie sich besonders auf die Schule?

③ Nimm deinen eigenen Stundenplan.
Überlege dir selbst Fragen für dein Partnerkind.

2 Den Zeichen Begriffe zuordnen

(1) Ordne jedem Zeichen den passenden Begriff zu.

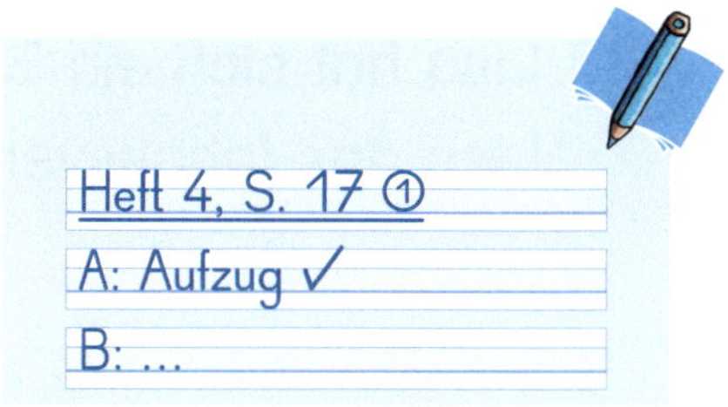

Lautstärke | Baustelle | Radweg

Toilette | Handyverbot | Aufzug

Fluchtweg | Mülleimer | Fußgänger

A

B
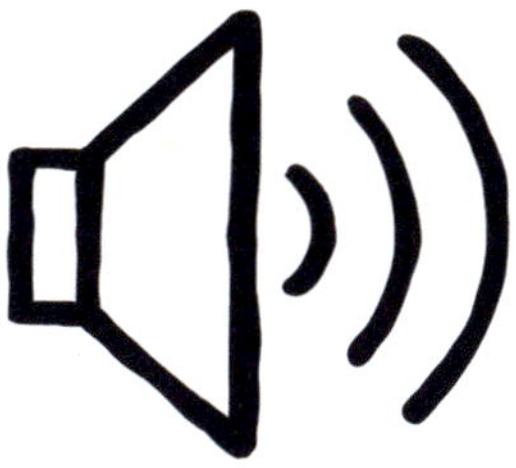

C

D

E

F

G

H

I

(2) Wähle einen Begriff und gestalte selbst ein Zeichen.

Flughafen | Spielplatz | Restaurant

(1) Lisa hat sich ein Buch über Elefanten ausgeliehen.
Lies das Inhaltsverzeichnis.

Das **Inhaltsverzeichnis** gibt dir einen guten Überblick über alles, was im Buch steht.

Inhaltsverzeichnis

(2) Schreibe auf, zu welchem Kapitel des Buches die Bilder gehören könnten.

Heft 4, S. 19 ②
A: Kapitel ...

A

B

C

(3) Lies den Text.
Schreibe auf, zu welchem Kapitel des Buches der Text gehört. Begründe.

Heft 4, S. 19 ③
Der Text gehört zu Kapitel ..., weil ...

Elefanten können laut trompeten, wenn sie in Gefahr oder Stress sind.
Untereinander verständigen sich Elefanten vor allem mit Lauten.
Diese tiefen Töne sind für den Menschen nicht zu hören.
Elefanten aber können so über Kilometer hinweg miteinander „sprechen“.

(4) Lisa will viel über Elefanten wissen.
Schreibe auf, in welchen Kapiteln sie Antworten auf ihre Fragen findet.

Heft 4, S. 19 ④
A: Kapitel ...

A Leben Elefanten allein?

B Können Elefanten riechen?

C Gibt es verschiedene Arten von Elefanten?

D Können Elefanten miteinander sprechen?

MK-Tipp: sich mit Hilfe eines Lexikons oder einer Kindersuchmaschine über Elefanten informieren

① Lerne das Gedicht auswendig.
Die Bilder und Bewegungen können dir beim Lernen helfen.

Am Morgen steht die Sonne tief

Am Morgen steht die Sonne tief,
weil sie bis eben ja noch schlief.

Zur Mittagszeit, wirst du gleich sehn,
da wird sie hoch am Himmel stehn.

Abends kommt sie schließlich dann
am Himmel unten wieder an.

Nachts siehst du die Sonne nicht,
drum schlafe, bis der Tag anbricht!

Paul Maar und KNISTER

So trägst du ein Gedicht vor:
- Sieh die anderen Kinder an.
- Sage, wie das Gedicht heißt und wer es geschrieben hat.
- Sprich langsam, laut und deutlich.

② Tragt euch gegenseitig das Gedicht mit Bewegungen vor.

3 Ein Gedicht vorlesen und mit der Stimme gestalten

(1) Übe leise, das Gedicht zu lesen.

(2) Lest euch das Gedicht gegenseitig vor.
Achtet auf die Hinweise zur Gestaltung.

Vom Riesen Timpetu

flüsternde Stimme

Pst! Ich weiß was. Hört mal zu:
War einst ein Riese Timpetu.

traurige Stimme

Der arme Bursche hat – o Graus –
im Schlafe nachts verschluckt 'ne Maus.

normale Stimme

Er lief zum Doktor Isegrimm:

leidende Stimme

„Ach, Doktor! Mir geht's heute schlimm!
Ich hab im Schlaf 'ne Maus verschluckt,
die sitzt im Leib und kneipt und druckt."

normale Stimme

Der Doktor war ein kluger Mann,
man sah's ihm an der Brille an.
Er hat ihm in den Hals geguckt.

entsetzte Stimme

„Wie? Was, 'ne Maus habt Ihr verschluckt?

freudige Stimme

Verschluckt 'ne Mietzekatz dazu,
so lässt die Maus Euch gleich in Ruh!" ◇

Alwin Freudenberg

1 Übe leise, das Gedicht zu lesen.

2 Lest euch das Gedicht gegenseitig ausdrucksvoll vor.
Probiert aus, wie ihr wichtige Wörter gut betonen könnt.

Die Kellermaus

Es wollte eine kleine Maus
– im Keller wohnhaft – hoch hinaus;
und eines Nachts, auf leisen Hufen,
erklomm sie achtundneunzig Stufen
und landete mit Weh und Ach
ganz oben, dicht unter dem Dach.
Dort wartete bereits auf sie
die Katze, namens Doremi. –

Kaum, dass das Mäuslein nicht mehr lebte,
geschah's, dass eine Fledermaus
ein paarmal um die Katze schwebte,
zur Luke flog und dann hinaus.
Da faltete die Katz, die dreiste,
die Pfoten und sprach: „Ist das süß!
Da fliegt die Maus, die ich verspeiste,
als Engelein ins Paradies!"

Heinz Erhardt

① Lies die Witze.

② Suche dir einen Witz aus.
Übe das Lesen mehrmals.
Lies den Witz einem Kind vor.

Bei einem Zoobesuch
sagt die besorgte Mutter
zu ihrer kleinen Tochter:
„Geh sofort von dem Löwen weg!"
Darauf meint die Kleine:
„Wieso, Mama, ich tu ihm doch
gar nichts!"

Kommt ein Frosch in den
Laden. Fragt der Verkäufer:
„Was darf es denn sein?"
Sagt der Frosch: „Quark."

Klein Herbert fragt:
„Was ist Wind?"
Sagt der Vater:
„Das ist Luft,
die es eilig hat!"

„Christian, du hast dieselben Fehler
im Diktat wie dein Tischnachbar.
Wie kann das denn sein?"
„Ganz einfach.
Wir haben denselben Lehrer!"

③

(1) Lies das Märchen.

Die Sterntaler

1 Es war einmal ein kleines Mädchen, das war ganz allein auf der Welt. Es war so arm, dass es kein Zimmer mehr hatte zum Wohnen und kein Bett mehr zum Schlafen. Es hatte nichts mehr, nur die Kleider, die es noch anhatte, und ein kleines Stück Brot.

2 Weil es niemanden mehr hatte, ging es allein hinaus aufs Feld. Dort traf es einen alten, armen Mann, der sprach: „Ich habe Hunger." Das Mädchen gab ihm das Stück Brot und sprach: „Gott segne es dir", und ging weiter.

3 Da kam ein Kind, das sagte: „Es friert mich so an meinem Kopf. Schenke mir etwas, womit ich mich bedecken kann." Das Mädchen gab ihm seine Mütze.

4 Als es noch ein Stück gegangen war, kam noch ein Kind, das hatte nichts an und fror. So gab es ihm sein Kleidchen und ging weiter.

5 Das Mädchen kam an einen Wald. Schon war es dunkel geworden. Da kam noch ein Kind und bat um sein Hemdchen. „Es ist dunkel", sprach das Mädchen, „da sieht mich keiner mehr." So gab es auch noch sein letztes Hemd weg.

6 Und wie es so dastand und nun gar nichts mehr hatte, fielen auf einmal die Sterne vom Himmel und es waren lauter Goldstücke. Obwohl es sein Hemdchen weggegeben hatte, so hatte es nun ein ganz feines, neues an. Darin sammelte es alle Goldstücke und war reich bis an sein Lebensende.

nach den Brüdern Grimm

(2) Gestalte ein Plakat.
Male zu jedem Textabschnitt ein Bild.

(3) Erzähle das Märchen einem Partnerkind.
Nutze deine Bilder aus (2).

(4)

① Lest den Lexikonartikel.

Recycling

Das Wort Recycling, sprich: *Risaikling*, kommt aus dem Englischen und steht für Wiederverwertung und Wiederverwendung von → Müll. Bei der Wiederverwertung wird nicht der Gegenstand, sondern das Material, aus dem er besteht, noch einmal genutzt. So kann zum Beispiel aus Plastikflaschen später einmal ein → Pullover werden. Bei der Wiederverwendung wird der Gegenstand noch einmal genutzt, zum Beispiel eine Glasflasche.
Recycling ist gut für die Umwelt, da es → Rohstoffe spart.
Das bedeutet, dass nicht alles immer wieder aus neuem Material hergestellt werden muss.

② Ordnet dem Text die beiden passenden Bilder zu.

A

B

C

③ Beantwortet abwechselnd die Fragen zum Lexikonartikel aus ①.

a) Worum geht es in dem Text?

b) Aus welcher Sprache kommt das Wort Recycling?

c) Wie wird das Wort ausgesprochen?

d) Was ist Recycling?

e) Warum ist Recycling gut für die Umwelt?

f) Auf welche weiteren Lexikoneinträge wird verwiesen?

Die Pfeile in einem Lexikonartikel verweisen auf weitere Einträge zu anderen Themen.

Lernportion 3: Verschiedene Textsorten kennenlernen

MK-Tipp: zum Begriff „Recycling" in Lexika oder im Internet mit Hilfe einer Kindersuchmaschine recherchieren

3 Unterschiedliche Textsorten benennen

1 Lies die unterschiedlichen Texte.

A

In einem Teil des Meeres
lebten vor langer Zeit zwei Fische.
Davon hatte der eine
einen langen goldenen Bart.
Die beiden Fische waren
gute Freunde. Eines Tages …

B

Fische leben im Wasser
und atmen durch Kiemen.
Statt Armen und Beinen
haben die Fische Flossen,
mit deren Hilfe sie schwimmen.

C

Zeichne mit Hilfe der
Schablone den Fisch auf
gelbes Tonpapier. Schneide
Augen aus und klebe sie auf.

D

Viele kleine Fische
schwimmen jetzt zu Tische,
reichen sich die Flossen,
dann wird schnell beschlossen,
nicht mehr lang zu blubbern,
stattdessen was zu futtern.

E

Nimm die Fischstäbchen
aus der Packung.
Erhitze Öl in einer Pfanne.
Lege die Fischstäbchen
vorsichtig hinein und brate sie.

2 Schreibe die passende Bezeichnung in dein Heft.

Rezept | Lexikonartikel | Märchen | Gedicht | Bastelanleitung

Heft 4, S. 27 ②
A: Märchen ✓
B: …

3 Besprich mit einem anderen Kind, wie du die Lösung gefunden hast.

(1) Sieh dir die Bilder genau an.
Vermute, worum es in dem Text gehen könnte.
Schreibe die passende Überschrift auf.

Heft 4, S. 28 ①
... ✓

1
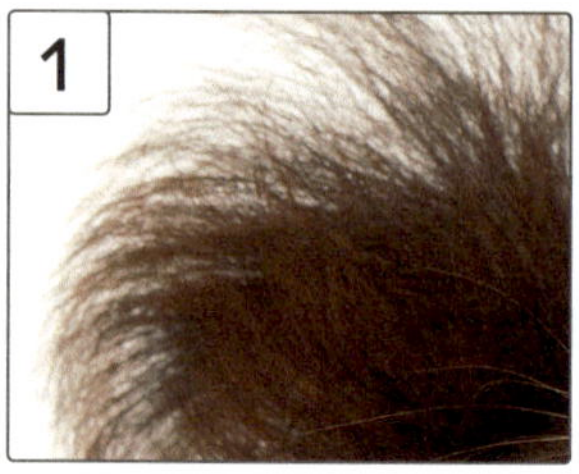
2
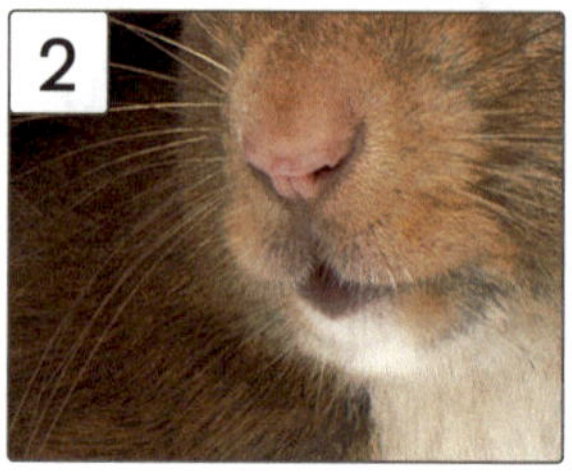
3

4
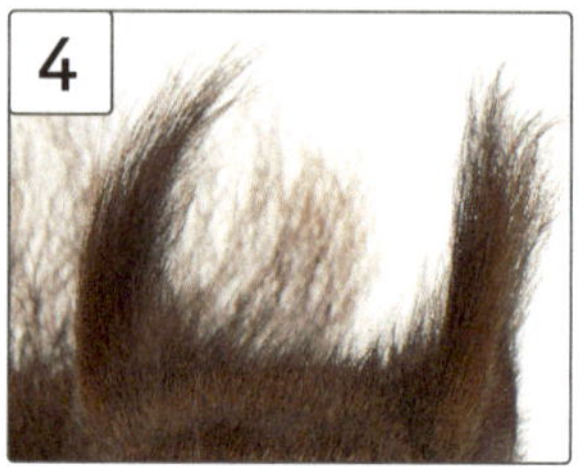

Die Nahrung des Eichhörnchens	Die Feinde des Eichhörnchens	Der Körper des Eichhörnchens

(2) Lies den Text.
Überprüfe, ob deine Vermutung richtig war.

Das Eichhörnchen ist für das Leben im Wald gut ausgestattet: Seinen buschigen, langen Schwanz benutzt es als Steuerruder und zum Gleichgewichthalten. Geschickt klettert das Eichhörnchen an Stämmen hoch. Seine Krallen helfen ihm sich festzuhalten. Die kleinen Sinneshaare des Eichhörnchens geben ihm Sicherheit beim Klettern und Springen. Sein Gehör ist gut ausgebildet. Bei Geräuschen wie Knistern oder Knacken ergreift das Eichhörnchen sofort die Flucht.

(3) Findet die Antworten auf die Fragen bei den Bildern oder im Text.
Ordnet zu.

A Wie sehen die Krallen eines Eichhörnchens aus?

B Wozu dient der buschige Schwanz?

C Sind die Ohren des Eichhörnchens spitz?

D Wann ergreift das Eichhörnchen die Flucht?

MK-Tipp: Bilder verschiedener Eichhörnchen im Internet finden

1. Lies nur die Überschriften.
   Vermute, worum es in dem Text gehen könnte.

Der Hund – ein treuer Helfer des Menschen

Helfer im Alltag

Blindenhunde sind sehr gut ausgebildete Hunde, die blinden Menschen durch den Alltag helfen, zum Beispiel im Straßenverkehr.

Helfer der Hirten

Hütehunde werden von Hirten eingesetzt. Hütehunde halten zum Beispiel eine Schafherde zusammen und beschützen sie.

Helfer der Polizei

Spürhunde werden als Diensthunde bei der Polizei und beim Zoll eingesetzt. Sie helfen zum Beispiel bei der Suche nach Sprengstoff.

2. Lies nun den ganzen Text.
   Prüfe, ob deine Vermutung richtig war.

3. Welche Informationen waren für dich besonders interessant?
   Tausche dich mit einem anderen Kind aus.

4 Überschrift und Bild zum Textverständnis nutzen

(1) Lies die Überschrift. Sieh dir das Bild an.
Vermute, worum es in der Geschichte gehen könnte.

In Gefahr

Es ist Sommer. Im Garten blühen die Blumen. Vor dem Kirschbaum sitzt Freddy, der kleine Igel. Mit seiner feinen Nase schnuppert er auf der Wiese herum. Er ist auf der Suche nach Futter. Schnecken frisst Freddy besonders gern. Auf dem Stein dort sitzt eine. Doch da kommt plötzlich der Nachbarshund Bello auf Freddy zu. Vorsicht, Freddy! Roll dich schnell zusammen!

(2) Lies den Text.
Prüfe, ob deine Vermutung richtig war.

(3) Schreibe kurze Antworten in dein Heft.

(a) Warum soll Freddy sich zusammenrollen?

(b) Wer ist außer Freddy noch in Gefahr?

Heft 4, S. 30 ③
a) ...

① Lies das Rezept.

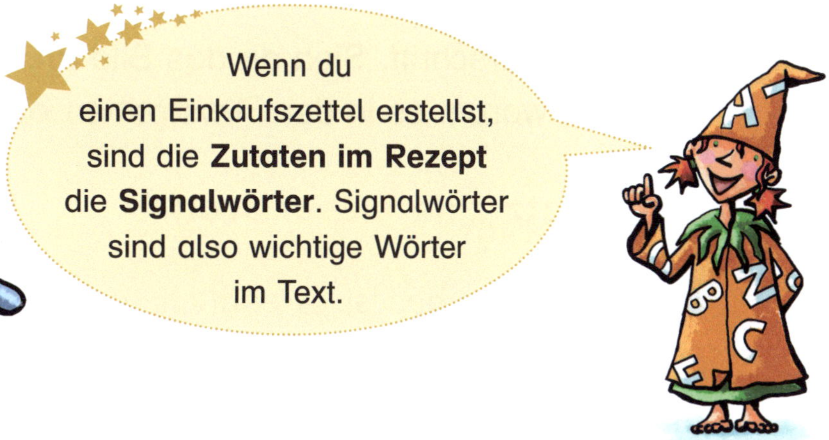

Apfelkuchen

Zuerst schlägst du die weiche Butter mit Zucker und Salz schaumig. Dann rührst du die Eier darunter. Jetzt kommt das mit Backpulver gemischte Mehl dazu. Gieße Apfelsaft dazu, bis der Teig sich gut rühren lässt. Rühre weiter und gib den Zimt dazu.
Die Rosinen wäschst du zuerst mit warmem Wasser, bevor du sie auf einem Küchenpapier abtropfen lässt. Rühre sie unter den Teig. Danach kannst du die Äpfel schälen, in kleine Stücke schneiden und in den Teig geben. Fülle den Teig in eine eingefettete Backform und backe den Kuchen eine Stunde. Jetzt lässt du ihn abkühlen.

② Notiere die zehn Zutaten aus dem Text.

Heft 4, S. 31 ②
Zutaten für Apfelkuchen:
– Butter ✓
– …

③ Suche im Internet oder in einem Backbuch ein Rezept für Schokokekse. Schreibe die Zutaten auf.

4 W-Fragen zum Text beantworten und stellen

(1) Lies die Überschrift. Sieh dir das Bild an.
Vermute, worum es in dem Text gehen könnte.

Ein Schatz zum Geburtstag

Am 12. September ist es endlich so weit! Seit drei Wochen zählt Alma jeden Tag. Heute wird sie acht Jahre alt. Sie hat ihr liebstes T-Shirt angezogen.

Am Nachmittag wollen alle ihre Freunde kommen. Insgesamt acht Kinder durfte sie einladen. Für jedes Jahr ein Kind. Simon, Dennis und Thao kommen zu Fuß. Dani, Frieda und Maja werden von ihrer Mama gebracht. Sandro und Lissi kommen mit dem Rad.

Als alle da sind, darf Alma ihre Geschenke auspacken. Dann essen sie Kuchen und trinken Kakao. Als Überraschung veranstalten sie eine Schatzsuche.

In Gruppen machen sie sich auf den Weg. Jeder will den Schatz als Erstes finden. Almas Papa hat ihn gut versteckt. In einem ausgehöhlten Baumstamm findet Simon eine kleine blaue Kiste. Voller Spannung öffnet er sie.

(2) Lies den Text.
Prüfe, ob deine Vermutung richtig war.

(3) Beantworte die W-Fragen.

a) **Wer** feiert Geburtstag?

b) **Wann** hat Alma Geburtstag?

c) **Wie** alt wird Alma?

d) **Warum** darf Alma nur acht Kinder einladen?

e) **Was** hat sich Almas Papa ausgedacht?

f) **Wo** ist der Schatz versteckt?

Heft 4, S. 33 ③
a) Alma feiert Geburtstag.
b) ...

W-Fragen sind:
Wer?
Was?
Wann?
Wo?
Warum?
Wie?

(4)

① Lest die Texte.
Findet den passenden Text zum Bild.

A Adam hat großen Hunger. Heute ist seine Brotdose besonders gut gefüllt. Papa hat gestern Adams Lieblingsbrot gekauft. Neben einem belegten Brot findet er einen Apfel, eine Banane und eine Mandarine.

B Es ist Frühstückspause. Alle Kinder genießen ihr Frühstück und unterhalten sich fröhlich. Alle außer Adam. Er sitzt ganz still an seinem Platz. Nur sein Magen knurrt laut. Er hat seine Brotdose zu Hause vergessen.

C Die Klasse von Adam macht heute ein gesundes Klassenfrühstück. Dafür haben alle etwas mitgebracht. Nun bereiten die Kinder das Frühstück gemeinsam vor.

② Habt ihr so etwas wie auf dem Bild auch schon einmal erlebt? Tauscht euch aus.

③ Schreibe auf, wie Text B aus ① weitergehen könnte.

Heft 4, S. 34 ③
…

1 In diesem Text gehören manche Zeilen zum Sommer und manche Zeilen zum Winter. Schreibe alle Zeilen zum Sommer in dein Heft.

Heft 4, S. 35 ①
Sommer
Alle freuen sich, ... ✓

Alle freuen sich, wenn der Sommer endlich wieder da ist.

Der Winter ist am schönsten, wenn es so richtig geschneit hat.

Die Sonne scheint und wir können kurze Hosen und Röcke anziehen.

Wenn es kalt genug ist, kann der Schnee auch liegen bleiben.

Dann können wir einen Schneemann bauen und Schlitten fahren.

Eine Schneeballschlacht mit Freunden macht auch riesigen Spaß.

Wenn es heiß genug ist, gehen wir zum Schwimmen ins Freibad.

Am Wochenende gehen unsere Eltern mit uns draußen zelten.

Manche fahren gerne auf dem zugefrorenen See Schlittschuh.

Aber dazu muss es lange kalt sein, damit das Eis nicht bricht.

2 Welche Jahreszeit magst du am liebsten? Begründe es deinem Partnerkind.

① Lies den Text.
Überlege, welche Wörter fehlen.

② Ergänze in jeder Zeile das passende Wort.
Schreibe die Zeilennummer und das Wort auf.

Heft 4, S. 36 ②
1: Wochen ✓
3: ...

Auf dem Bolzplatz

Fußballtoren | Wochen | Schule

Seit vier ___ gibt es in Benzhart einen prima Bolzplatz für Kinder. Mit richtigen ___ . Er wurde gleich neben der ___ gebaut.

besten | Martin | hier

Jeden Nachmittag treffen sich ___ die kleinen Fußballer des Viertels. Mit dabei sind meistens Flori, ___ , Önal und Hakan, die vier ___ Fußballer der ganzen Schule.

ungerecht | immer | spielen | Angst

„Hakan und ich ___ zusammen", sagt Önal. „Ihr wollt ___ zusammenspielen", meckert Flori. „Das ist ___ ." „Ihr habt ja nur ___ , dass ihr verliert", sagt Önal. ◈

Manfred Mai

③ Lest euch den vollständigen Text gegenseitig vor.

5 Passende Wörter für einen Text finden

(1) Lies die Überschrift. Sieh dir das Bild an. Überlege, was du schon zum Thema weißt.

Im Zoo

Lisa und Anne machen einen Ausflug in den A . Als Erstes wollen die beiden Mädchen gleich zu den B . Die sehen mit ihrem langen Rüssel so lustig aus. Gerade nehmen sie ein Bad und spritzen wild um sich.
Da hören Lisa und Anne, wie ein C brüllt. Mit seiner großen Mähne wirkt er sehr majestätisch.
Nun gehen sie zu den D , die gerade Bananen fressen. Sie schwingen sich von Ast zu Ast. „Sind die niedlich!", ruft Anne.
Jetzt kommt ein E an ihnen vorbei, das von einem Mann an einem Seil geführt wird. Am liebsten würde Lisa zwischen seinen Höckern sitzen und eine Runde reiten.
Da ruft plötzlich ein kleines Kind: „Guck mal, Mama! Ein Pferd mit schwarz-weißen Streifen!" „Das ist doch ein F !", antwortet die Mutter. Lisa und Anne müssen lachen.

(2) Schreibe die fehlenden Wörter ins Heft.

Heft 4, S. 37 ②
A: Zoo, B: ...

(3) Lies den Text einem Partnerkind vor.

(1) Suche dir ein Partnerkind.
Jedes Kind liest einen Text.

Hamster verstehen lernen

- Streckt sich ein Hamster nach dem Schlafen, gähnt er und putzt sich ausgiebig, dann fühlt er sich wohl.

- Wenn der Hamster sich ganz schnell und plötzlich putzt, dann weiß er nicht, wie er sich verhalten soll.

- Liegt der Hamster auf dem Boden und hält die Nase schräg nach oben, dann ist er ängstlich und vorsichtig.

Hamster verstehen lernen

- Vorsicht ist geboten, wenn der Hamster seine Pfötchen nach oben hebt, sein Fell sträubt und seine Zähne zeigt. Dann will er in Ruhe gelassen werden.

- Liegt der Hamster auf dem Rücken, klappert mit den Zähnen und faucht, dann könnte er beißen.

- Wenn der Hamster Angst oder Schmerzen hat oder seinem Gegner drohen möchte, gibt er Töne von sich.

(2) Erzählt euch gegenseitig, was ihr über den Hamster gelesen habt. Nutzt dafür diese Bilder.

(3) Lass dein Partnerkind Fragen zu deinem Text beantworten.

a) Was macht der Hamster, wenn er sich wohlfühlt?

b) Was macht der Hamster, wenn er nicht weiß, wie er sich verhalten soll?

a) Wann will der Hamster in Ruhe gelassen werden?

b) Wann besteht die Gefahr, dass der Hamster beißt?

(4) Schreibe eine Frage zum letzten Abschnitt deines Textes. Lass dein Partnerkind die Frage beantworten.

Heft 4, S. 39 ④
...

Lernportion 5: Textinhalte erfassen

Plenum: Austausch über die Möglichkeit, Gefühle und Stimmungen durch Stimme und Körperhaltung auszudrücken
MK-Tipp: passende Fotos zum Hamsterverhalten mit Hilfe einer Kindersuchmaschine finden

① Finde heraus, welches Wort gesucht wird.
Schreibe oder male deine Lösung ins Heft.

Heft 4, S. 40 ①
Ein Poingpoing ist ein …

Der Poingpoing

Viele Kinder mögen den Poingpoing. Manche haben sogar ihren eigenen Poingpoing im Kinderzimmer. Oft besitzen Familien mehrere Poingpoings. Man kann alleine mit einem Poingpoing spielen oder auch mit seinen Freunden. Auch in vielen Schulen gibt es Poingpoings. Wer zu Hause keinen Poingpoing hat, kann in der Schule herausfinden, wie man mit einem Poingpoing umgeht. Auch viele Erwachsene benutzen Poingpoings. Oft arbeiten sie sogar damit. Der Poingpoing wird von vielen Kindern nicht nur zum Spielen, sondern auch zum Lernen benutzt. Jeder Poingpoing hat eine Tastatur und eine Maus. Es gibt auch Poingpoings, die kann man überallhin mitnehmen. Andere sind zu groß und schwer, die stehen dann fest auf einem Tisch. Ein Poingpoing ist ein ___ .

② Ab welcher Zeile warst du dir sicher?
Tausche dich mit einem Partnerkind aus.

(1) Lies den Text.

Digitale Geräte

Smartphone und Tablet gehören zu den mobilen Geräten. Das bedeutet, dass du sie überallhin mitnehmen kannst.

Das Smartphone ist ein „schlaues Telefon“ mit einem eingebauten Mini-Computer. Du kannst damit telefonieren, fotografieren, ins Internet gehen, Spiele spielen, dich mit anderen austauschen und vieles mehr.

Ein Tablet ist ein flacher, tragbarer Computer, der keine übliche Tastatur hat. Das erste Tablet konnte man 2010 kaufen. Man kann damit im Internet surfen, lesen, malen oder spielen. Mit manchen Tablets kann man auch telefonieren.

(2) Prüfe bei jeder Aussage, ob sie stimmt oder nicht.

Heft 4, S. 41 ②
A: stimmt nicht
B: ...

A Mobil bedeutet klein.

B Smartphone bedeutet „schlaues Telefon“.

C Ein Smartphone hat einen Mini-Computer.

D Ein Tablet hat eine normale Tastatur.

E Ab 2010 konnte man Tablets kaufen.

F Mit allen Tablets kann man telefonieren.

Lernportion 6: Informationen in Texten finden

MK: Digitale Medien kennen und verstehen
MK-Tipp: sich über Einsatzmöglichkeiten und Vorteile verschiedener digitaler Geräte austauschen

(1) Lies den Text.

Furchtbar-dolle-stinke-langweilig

Es war ein ganz wunderschöner Vormittag: Die Sonne schien, der Himmel war blau und gelegentlich zog ein weißes Wattewölkchen vorüber.
Hase Nulli und Frosch Priesemut lagen faul in der Sonne. Na ja, so ganz stimmte das nicht, denn Nulli las ein Buch, das er sich von Oma Bär ausgeliehen hatte. Und Priesemut? Dem war langweilig, genauer gesagt: furchtbar-dolle-stinke-langweilig. Und das ist ja wohl die langweiligste Langeweile, die man haben kann, oder?
„Mir ist langweilig …“, stöhnte er und drehte sich von der linken auf die rechte und von der rechten Seite auf die linke.
„Mir ist sooo langweilig …“, sagte er erneut, während er einen kleinen Marienkäfer dabei beobachtete, wie dieser flink einen Grashalm emporkletterte.

„Warum lernst du nicht auch lesen, so wie ich?“, fragte Nulli.
Da stöhnte Priesemut erneut: „Lesen ist langweilig, da passiert ja gar nichts.“ „Das stimmt nicht“, sagte Nulli und zeigte auf seinen Kopf. „Hier oben passiert nämlich ganz schön viel.“ ◇

Matthias Sodtke

(2) Schreibe zu jeder Frage eine kurze Antwort.

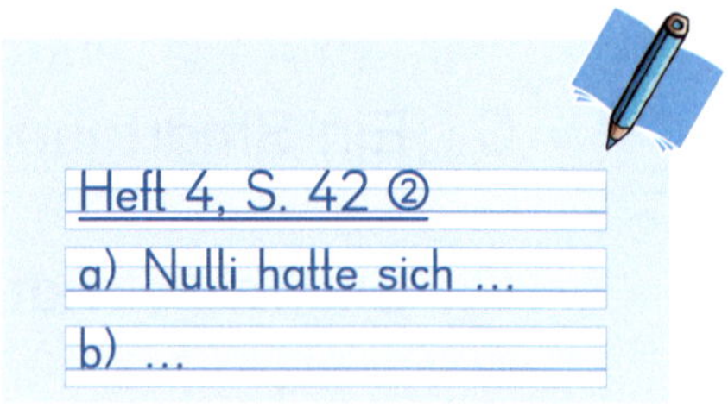

(a) Von wem hatte sich Nulli das Buch ausgeliehen?

(b) Wen beobachtete Priesemut?

(c) Wie findet Priesemut das Lesen?

(3) Hat Priesemut recht?
Tausche dich mit einem Partnerkind aus.

Lernportion 6: Informationen in Texten finden

(1) Lies den Text.

1

Katja und der Teddy

A Katja soll ihr Zimmer aufräumen. Ihr erster Blick fällt auf Carlo, ihren ältesten und größten Teddybären. In letzter Zeit hat sie ihn ein bisschen vernachlässigt. Er sieht traurig aus, findet sie. Und schmutzig ist er auch.

2

B Katja läuft ins Badezimmer. Im Waschbecken bereitet sie ein Bärenbad. Sie setzt Carlo hinein und schrubbt ihn gründlich! Dass Wasser und Schaum überschwappen, ist Carlos Schuld. Er ist einfach zu groß für das Becken.

3

C Danach muss Carlo trocken gerubbelt werden. Als Katja alle Handtücher verbraucht hat, ist er immer noch patschnass. Egal, wozu gibt es einen Föhn? Föhn, Kamm und Bürste. Nichts sieht unordentlicher aus als ein strubbeliger Bär! ◇

Katharina Kühl

(2) Betrachte die Bilder.
Ordne die Abschnitte den Bildern passend zu.

Heft 4, S. 43 ②
1: Abschnitt ...

(3) Beantwortet die Fragen.

(a) Warum denkt Katja, dass ihr Bär traurig aussieht? Begründet.

(b) Ist Katjas Zimmer nun aufgeräumt? Begründet.

(c) Wie sieht am Schluss das Badezimmer aus?

① Lies den Text.

Trau dich, Semra!

Semra steht am Fenster. Zwei Möbelmänner tragen gerade ein Sofa über den Hof zum Nachbarhaus.
Dort zieht heute jemand ein.
Daneben werfen sich ein paar Kinder einen Ball zu, immer hin und her.
Semra würde gerne zu ihnen hinunterlaufen und mitspielen.
„Trau dich, Semra“, sagt Mama immer zu ihr, wenn Semra zögert und von einem Fuß auf den anderen tritt.
Aber meistens traut Semra sich nicht.
Mama ruft aus der Küche. Sie will, dass Semra für sie einkaufen geht.
Mama rührt die Gemüsesuppe um, die in einem großen Topf köchelt.
„Ich habe die Möhren vergessen, die musst du einkaufen.“
„Kannst du nicht mitkommen?“, fragt Semra dann.
Aber Mama schüttelt den Kopf. „Ich muss aufpassen, dass nichts anbrennt. Du schaffst das schon alleine.“
Der Laden ist ganz nah. Semra schiebt sich durch den Eingang.
Hinter ihr kommt ein anderes Mädchen.
Semra sieht auch gleich den Stand mit dem Obst und Gemüse.
Sie streckt die Hand nach den Möhren aus. Die Möhren liegen zu weit oben. „Brauchst du Hilfe?“, fragt eine Frau. Semra erschrickt und flüstert: „Ja, ich komme nicht an die Möhren dran.“
Die Frau nimmt die Möhren und legt sie in Semras Einkaufskorb.
Jetzt kann Semra schon viel lauter sprechen. „Danke“, sagt sie.

Neben den Äpfeln steht das Mädchen von vorhin. Seine Augen glitzern, als würden ihm gleich die Tränen kommen.

Semra tritt von einem Fuß auf den anderen, dann sagt sie:

„Brauchst du Hilfe?“ Das Mädchen antwortet mit kläglicher Stimme:

„Ich finde die Milch nicht. Ich bin zum ersten Mal hier. Wir sind gerade neu eingezogen.“

„Dann wohnst du bei uns im Nachbarhaus. Ich hab vorhin euer Sofa gesehen! Ich heiße Semra. Und wie heißt du?“

„Jasmin“, antwortet das Mädchen.

Gemeinsam gehen Semra und Jasmin zum Kühlregal und legen die Milch in Jasmins Korb. Gemeinsam gehen sie zur Kasse und bezahlen ihre Einkäufe. Gemeinsam gehen sie den Weg zurück nach Hause.

Semra hüpft die Treppe hinauf zu ihrer Wohnung. „Ich hab alles gefunden beim Einkaufen, Mama. Ich hab die Möhren gefunden, ich hab die Milch gefunden und ich hab auch eine Freundin gefunden.“ ◈

Luise Holthausen

(2) Prüfe bei jeder Aussage, ob sie stimmt oder nicht.

- A Im Nachbarhaus zieht jemand ein.
- B Semras Mama kocht Nudeln.
- C Semra und ihre Mama gehen einkaufen.
- D Semra kommt nicht an die Möhren dran.
- E Semras neue Freundin heißt Jasmin.

(3) Semra hat sich getraut und wurde für ihren Mut belohnt. Tauscht euch darüber aus, ob ihr so etwas auch schon erlebt habt.

(1) Lies die Schaubilder und die Infotafeln.

So bleibst du fit und gesund

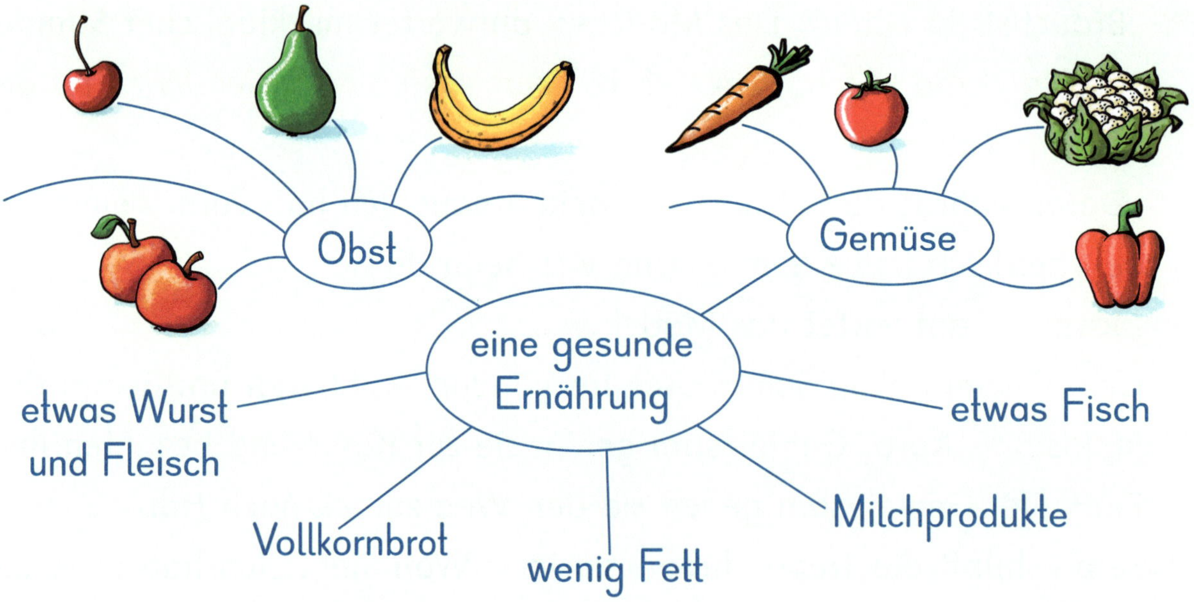

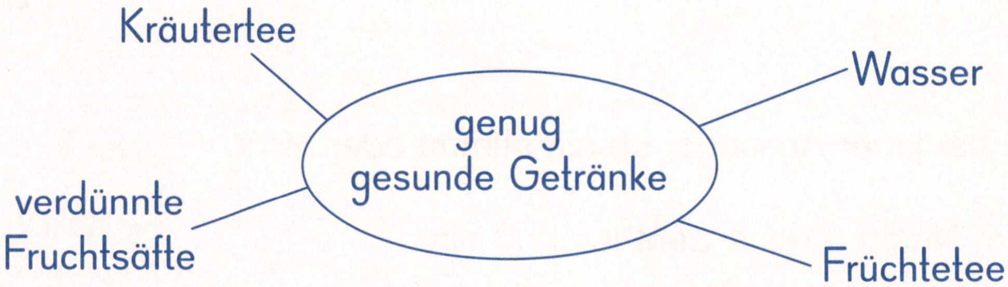

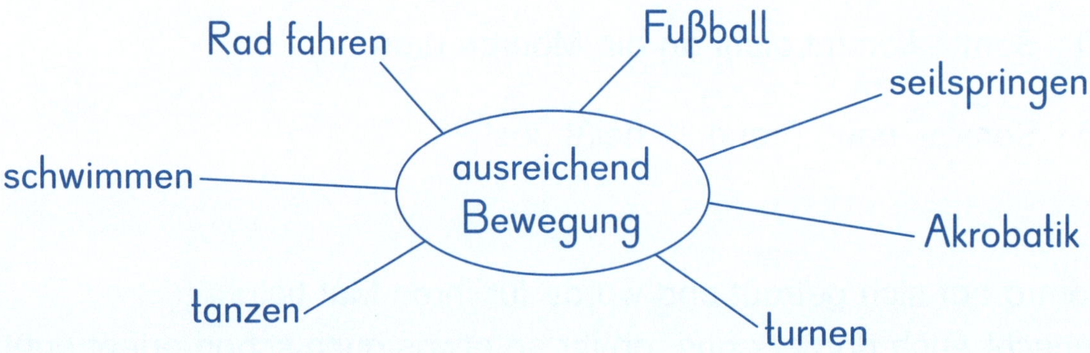

Wichtige Informationen

Frisches Obst und Gemüse enthalten viele Vitamine, Mineralstoffe und Ballaststoffe. Diese braucht der Körper, um gesund zu sein.

Kinder sollten jeden Tag etwa einen Liter Wasser trinken. Häufiges Trinken ist auch für das Lernen wichtig.

Auch regelmäßige Bewegung gehört dazu, wenn man gesund bleiben will. Sport stärkt den Körper.

2 Besprich mit einem Partnerkind:

- Ist Paprika ein Gemüse?
- Was kannst du tun, um deinen Körper zu stärken?
- Wo findest du eine Antwort auf die Frage, wie viel Wasser ein Kind am Tag trinken sollte?

3 Schreibe auf, was du tust, um gesund zu bleiben.

① Lies den Text.
Notiere für jeden Absatz die passende Überschrift.

Heft 4, S. 48 ①
1: ...

Tierkinder **Futter** **Pflege**

1 Alles, was für den Hund wichtig ist, ist im Fertigfutter enthalten.
Außerdem braucht der Hund immer genug frisches Wasser.

2 Wichtig ist, dass du deinen Hund regelmäßig bürstest.
Kontrolliere auch immer seine Ohren.
Die Krallen nutzen sich von allein ab.
Wenn dein Hund sehr schmutzig ist oder stinkt, solltest du ihn baden.

3 Ein junger Hund heißt Welpe.
Die ersten vier Wochen wird er von seiner Mutter gesäugt.
Er braucht viel Ruhe. An einen neuen Besitzer sollte er frühestens nach zwei Monaten gegeben werden.

② Ordne die Bilder den Abschnitten richtig zu.

Heft 4, S. 48 ②
1: ...
2: ...

A

C

B

① Lies die Geschichte.
Schreibe die Überschrift, die am besten passt, in dein Heft.

Heft 4, S. 49 ①
Überschrift: …

Das große Geheimnis | **Die Taschengeld-Bande** | **Meine liebe Oma**

Julius, Anne und Dominik sind dicke Freunde. Sie sitzen in ihrem Baumhaus.

„Kaufen wir uns nachher noch ein Eis?“, fragt Dominik in die Runde. Er liebt das Zitroneneis aus der kleinen Eisdiele. Aber Anne wehrt ab: „Ich habe kein Geld mehr.“ „Bei mir sieht es auch ziemlich düster aus“, gesteht Julius.

Dominik gibt zu: „Ich habe etwas von meiner Oma bekommen, sonst wäre ich auch schon abgebrannt.“ Alle sind sich einig: Die Zeit bis zum Taschengeldtag zieht sich immer wie Kaugummi. „Wie soll das nur weitergehen, wenn man sich nicht mal bei dieser Hitze ein Eis kaufen kann?“, jammert Julius. Anne pflichtet ihm bei: „Das bisschen Taschengeld reicht wirklich hinten und vorne nicht.“

„Und meine Oma kommt auch nicht alle Tage“, klagt Dominik. Anne hat eine Idee: „Alles Jammern und Klagen hilft uns nicht weiter. Statt hier herumzusitzen, sollten wir lieber etwas Geld verdienen.“ ◇

Gerit Kopietz

② Suche drei andere Kinder.
Lest die Geschichte mit verteilten Rollen.

7 Ein Rätselgedicht lösen

1 Lies das Gedicht.

Wer bin ich?

Sag, wer bin ich? Jeder liebt mich,
und auch dir bin ich bekannt.
Einen langen Rüssel hab ich,
doch ich bin kein Elefant.

Reiter tragen, Bäume schleppen,
das kann mein Beruf nicht sein.
Und auch auf den Kampf mit Löwen
lasse ich mich niemals ein.

Keinen Frosch kann ich besiegen.
Ganz gering ist mein Gewicht:
Wenn ich auf den Blüten sitze,
biegen sich die Stiele nicht.

Wenn ich durch die Lüfte fliege,
ist's, als flög ein Blatt dahin.
Aber schön sind meine Flügel.
Und nun sag mir, wer ich bin.

Josef Guggenmos

2 Schreibe die Lösung in dein Heft und male das Tier.

Heft 4, S. 50 ②
Lösung: …

3 Schreibe die Wörter oder Sätze auf, die dir die Lösung verraten haben.

Heft 4, S. 50 ③
… ✓

7 Über ein Sprichwort nachdenken

(1) Lies die Geschichte.

Die beiden Esel

Zwei Esel waren mit einem Strick um den Hals miteinander verbunden. Es lagen zwei Heuhaufen im Hof, für jeden Esel einer. Da die Esel hungrig waren, wollte jeder der beiden zu seinem Heuhaufen hin. Der Strick um ihren Hals war aber sehr kurz. Die Heuhaufen dagegen lagen sehr weit auseinander. So standen die beiden Esel nun zwischen den Heuhaufen und jeder zog aus Leibeskräften am Strick zu seinem Futter hin. Beide zogen gleich stark. So kamen sie nicht von der Stelle und blieben beide hungrig.

(2) Überlege mit einem Partnerkind, welchen Rat du den Eseln geben würdest. Notiere.

Heft 4, S. 51 ②
Die Esel sollten ...

(3) Besprecht, welches der beiden Sprichwörter am besten zu der Geschichte passt. Begründet eure Entscheidung.

Lügen haben kurze Beine.	Gemeinsam kommen wir ans Ziel.

1 Lies die Überschrift. Sieh dir das Bild an.
Vermute, worum es in der Geschichte gehen könnte.

2 Lies die Geschichte.

Heute sind wir mal dran!

Leni, Amira, Jasper und Emmet sind auf dem Weg in die Hofpause. Die vier Freunde freuen sich darauf, in der schönen Frühlingssonne ein bisschen zu kicken. Doch schon von Weitem sehen sie, dass der Platz wie immer von Jonas und Klaas belegt ist.
„Das ist gemein! Immer belegt ihr den Fußballplatz!“, beschwert sich Leni, als die vier beim Platz angekommen sind.
„Tja, wir waren eben zuerst hier“, entgegnet Jonas.
„Heute sind wir mal dran!“, ruft Amira wütend.
Gerade als Klaas darauf etwas erwidern will, kommen Malik und Antonia dazu. Die beiden sind Streitschlichter und haben mitbekommen, dass es ein Problem gibt.
„Was ist denn hier los?“, fragt Antonia.
„Immer belegen Jonas und Klaas den Fußballplatz, aber wir wollen auch mal spielen!“, platzt Emmet heraus.
„Dann müssen sie eben schneller hier sein“, antwortet Klaas.
„Der Platz ist für alle Kinder da“, sagt Malik. „Überlegt, wie ihr es schaffen könnt, dass alle spielen können.“

3 Schreibe einen passenden Schluss zur Geschichte.

Heft 4, S. 52 ③
...

Lernportion 8: Gedanken zu Texten entwickeln

Plenum: Konflikt und Lösungsstrategien besprechen; Möglichkeiten finden, Meinungen, Gefühle und Stimmungen auszudrücken, z. B. durch Worte, Stimme, Körperhaltung

AH 64

(1) Lies die Beschreibungen.

Die Supermonster

Optix
ist ein unheimlich neugieriges Monster. Kein Geheimnis ist vor ihm sicher, denn es kann sich perfekt tarnen und andere belauschen. Wie ein Chamäleon passt es seine Fellfarbe an seine Umgebung an. Es kann sich sogar unsichtbar machen.

Blitz
möchte sich ständig in neue Abenteuer stürzen. Am liebsten wäre das Monster an mehreren Orten gleichzeitig.
Seine starken Flügel bringen es in Windeseile an jedes Ziel.
Bist du in Gefahr? Blitz ist sofort zur Stelle.

Lingu
spricht und versteht alle Sprachen auf der Welt und kann sogar Gedanken lesen. Mit seinen langen Fühlern kann das Monster Stimmungen und Gefühle besonders gut wahrnehmen. So schafft es Lingu, jeden Streit zu schlichten und alle Probleme zu lösen.

Futuri
ist ein besonders schlaues Monster. Es löst jeden noch so kniffligen Fall. Dabei hilft ihm seine Gabe, in die Vergangenheit und in die Zukunft reisen zu können. Um von niemandem entdeckt zu werden, geht es nicht ohne seine coole Sonnenbrille und seinen großen Hut aus dem Haus.

(2) Schreibe auf, welches Monster dir am besten gefällt. Begründe.

Heft 4, S. 53 (2)
Am besten gefällt mir ..., weil ...

(1) Lies die Überschrift. Sieh dir das Bild an.
Vermute, worum es in der Geschichte gehen könnte.

(2) Lies die Geschichte.

Neu in Dettendorf

Zwei Monate wohnt Paul schon in Dettendorf. Und er hat immer noch keine Bande. Zwei Monate sind ziemlich lang, findet Paul. Mit einem Lastwagen sind sie von Neustadt nach Dettendorf gezogen. Eigentlich sind aber mit dem Lastwagen nur die Sachen umgezogen. Papa und Mama, Paul und Josefine und Kasper und Violetta sind mit dem Auto hinterhergefahren. Josefine ist Pauls kleine Schwester. Kasper heißt der Hund, und Violetta ist die Schildkröte. Wie gesagt: Seit zwei Monaten wohnt Paul schon in Dettendorf, und er hat noch keine Bande. Dabei wimmelt es hier nur so von Banden. Max hat eine, und der starke Jo hat auch eine. ◇

Dagmar Geisler

(3) Schreibe auf, was Paul sich wünscht.

Heft 4, S. 54 ③
Ich ... ✓

- Ich will Lastwagenfahrer werden.
- Ich will endlich eine Bande haben.
- Ich will wieder nach Neustadt.
- Ich will einen Hund haben.

(4) Besprich mit einem Partnerkind:

– Wie fühlt sich Paul?
– Wie kann er eine Bande finden?

① Lies den Text.

Der Lesemuffel

„Du musst unbedingt mehr lesen, Muffel! Ich weiß gar nicht, warum du dich so anstellst! Jeden Tag eine halbe Stunde! Ich setze mich auch zu dir dazu! Eine Seite liest du, und eine lese ich. Muffel? Muffel!“ Muffel schreckt auf. Er ist schon wieder so schrecklich müde! Mamas ernstes Wort nützt einfach nichts. Man kann nicht mit jemandem lesen, der bei der ersten Zeile einschläft. Also muss sich die Mama etwas anderes einfallen lassen. Und weil ihr selbst nichts einfällt, setzt sie einen Preis aus. Sie hängt einen großen Zettel ins Treppenhaus. „Preisausschreiben“, schreibt sie mit großen Buchstaben darauf. „Wer Muffel Maus dazu bringt, ein Buch zu lesen, gewinnt ein Mittagessen bei Familie Maus! Suppe, Hauptspeise, Nachspeise. Sonderwünsche möglich! Mitmachen kann jeder!“ Der Erste, der den Zettel liest, ist Muffel. Weil es doch schließlich um ihn geht.

Saskia Hula

② Überlege, wie Muffel die Idee mit dem Preisausschreiben findet. Schreibe in eine Sprechblase, was er zu seiner Mutter sagen könnte.

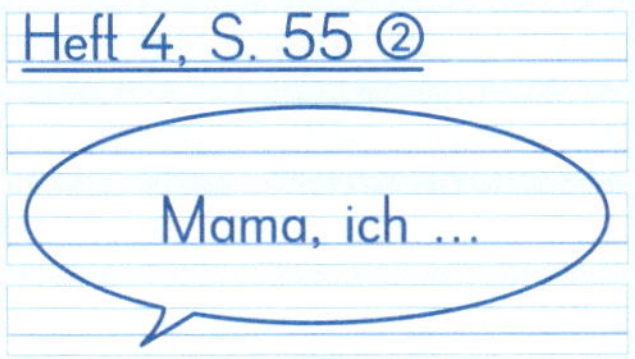

① Lies die Überschrift. Sieh dir das Bild an.
Notiere, worum es in der Geschichte gehen könnte.

Heft 4, S. 56 ①
…

② Lies den Text.

Die Mutprobe

Moritz und Alexander sind Freunde. Sie fahren Inliner.

Heute will Alexander auf einmal, dass sie es endlich tun, und Moritz kann ihn nicht davon abbringen. „Du bist ja bloß feig, du hast ja überhaupt keinen Mut!", ruft Alexander. Und zwar soll Moritz mit ihm die steile Burgstraße runtersausen. Bremsen soll nicht erlaubt sein. Erst ganz unten gibt es – zack! – eine Vollbremsung.

Moritz sagt: „Ich bin überhaupt nicht feig!" „Was bist du dann?", höhnt Alexander. „Immer bestimmst du, was wir tun!", giftet Moritz. „Ja, weil ich Mut hab!" Alexander stößt sich vom Zaun ab. Er fährt kunstvoll rückwärts. „Ich hab auch Mut!", ruft Moritz. „Hast du nicht. Du bist feig, feig, feig …" ◇

Irma Krauß

③ Schreibe die Antworten auf.

Heft 4, S. 56 ③
a) Alexander möchte
…

a) Zu welcher Mutprobe möchte Alexander seinen Freund Moritz überreden?

b) Wie könnte die Mutprobe für die Kinder ausgehen?

c) Gib Moritz einen Rat.

Lernportion 8: Gedanken zu Texten entwickeln

(1) Lies den Text.

Mona Lisa

Mona und Lisa sind Freundinnen. Sie machen alles gemeinsam.

Doch heute geschieht etwas Merkwürdiges. Lisa schlägt auf dem Heimweg von der Schule vor: „Wir können die Hausaufgaben bei uns machen und danach mit den Fahrrädern zu meiner Oma fahren. Sie backt wieder ihren leckeren Apfelkuchen.“ Aber Mona schüttelt den Kopf und sieht Lisa traurig an. „Fahr du allein. Ich mag nicht.“ Monas Antwort haut Lisa beinahe von den Socken. „Aber Mona, was ist denn los? Mona?“ Doch Mona geht mit eiligen Schritten davon. Lisa versteht die Welt nicht mehr. Am nächsten Tag spricht Mona kaum ein Wort mit Lisa. Und nicht am übernächsten. Sie zieht sich immer mehr zurück. ◈

Gerit Kopietz

(2) Besprich mit einem anderen Kind, was Lisa tun könnte, um die Freundschaft zu retten.

8 Eine Lesekonferenz durchführen

① Lies den Text.

Als die Oma das Internet kaputt gemacht hat

„Was geht nicht mehr?", fragte Tiffany.

„Das Internet", sagte die Oma. „Schau. Klick, klick. Aber nichts passiert."

„Du hast echt keine Ahnung, Oma", sagte Max.

„Was ist das Internet?", fragte Tiffany.

„Das Internet", erklärte Max seiner kleinen Schwester, „ist wie die Pinnwand über meinem Schreibtisch. Nur viel, viel größer! Da kann man Nachrichten dranheften oder Fotos oder Geschichten oder Ausmalbilder, sogar Musik und Filme und alles Mögliche. Und es haben schon ganz viele Leute Sachen an das Internet drangeheftet. Deshalb findet man inzwischen auf viele Fragen die Antwort im Internet. Manchmal ist die Antwort aber leider falsch. Weil nicht alle, die im Internet rumklicken, wirklich schlau sind."

„Klick, klick", sagte die Oma.

„Das Internet", sagte Max, „verbindet all unsere Computer und Handys und noch viele andere Geräte. Deswegen kann man über das Internet auch mit anderen Menschen sprechen. Oder Spiele spielen. Oder Nachrichten versenden. Das mache ich gerade."

„Senden", sagte Max und drückte auf Senden. Aber nix wurde versendet.

„Ich glaube", sagte die Oma beschämt, „ich habe das Internet kaputt gemacht." ◇

Marc-Uwe Kling

② Besprecht den Text in einer Lesekonferenz.

ⓐ Stellt W-Fragen an den Text und beantwortet sie. Nutzt die Fragewörter von Seite 33.

ⓑ Besprecht, welche Stellen euch am besten gefallen, und begründet.

ⓒ Hat Oma wirklich das Internet kaputt gemacht? Tauscht euch aus.

③ Lest euch gegenseitig eure Lieblingsstelle aus dem Text vor.

1 Übt gemeinsam, den Text mit verteilten Rollen zu lesen.

Jan und Katrin im Kinderzimmer

Gib mir sofort das Heft zurück!
Warum sollte ich?
Weil ich für morgen noch was lernen muss. Und weil es meins ist.
Ist es nicht.

Ist es doch.
Lügner! Ich hab mitgezahlt. Einen Euro hab ich draufgelegt.
Es hat aber fünf gekostet. Da kriegst du nur ein paar Seiten dafür.

Dann gib mir meinen Teil!
Na bravo, jetzt hast du das Heft zerrissen!
Selber schuld! Hättest du es nicht so festgehalten!
Weißt du, was du bist? Ein … gemeiner Knochenhecht bist du!
Und du bist ein Segelflossen-Doktorfisch!
Und du ein gestreifter Felsenhüpfer!

Und du ein Schwarzpunkt-Kugelfisch!
Du Maulbrüter!
Du verzierter Kaninchenfisch!
Du Brokkoli-Koralle!
Du siamesische Rüsselbarbe!

Die Mutter steckt den Kopf durch die Tür. Sie möchte, dass die beiden keine Schimpfwörter mehr verwenden. Dabei gibt es diese Meerestiere wirklich! ◇

Gerda Anger-Schmidt

Lernportion 8: Gedanken zu Texten entwickeln

Plenum: Geschichte mit verteilten Rollen vorlesen, dabei die Bedeutung von Intonation, Lautstärke, Mimik und Gestik nutzen; gegenseitig wertschätzende Rückmeldungen zur Vortragsweise geben
MK-Tipp: mit verteilten Rollen lesen und aufnehmen

① Lies den Text.

Freunde

Jeden Morgen weckte Franz von Hahn den Bauernhof. Johnny Mauser und der dicke Waldemar halfen ihm dabei, denn richtige Freunde helfen einander. Dann holten sie ihr Fahrrad aus dem Heuschober und radelten in den Morgen hinein. Kein Weg war ihnen zu steinig, kein Abhang zu steil, keine Kurve zu scharf und keine Pfütze zu tief. Am Dorfteich rasteten sie, wo es flache Kieselsteine zum Flippen gab und wo man so herrlich Versteck spielen konnte.

Als Johnny Mauser ein altes Boot im Schilf entdeckte, beschlossen alle drei, Seeräuber zu werden, denn richtige Freunde beschließen immer alles zusammen. Johnny Mauser stand am Ruder, Franz von Hahn stellte das Segel, und der dicke Waldemar war der Stöpsel: Er verstopfte das Loch in den Schiffsplanken. So wagten sie sich hinaus auf das offene Wasser und eroberten im Laufe des Tages den Dorfteich.

Aber der Hunger trieb sie wieder an Land. Zuerst versuchten sie es mit Angeln. Doch ihre Mägen knurrten so laut, dass kein Fisch anbiss. Sie besorgten sich Kirschen. Die Beute wurde sofort aufgeteilt: Eine Kirsche für Johnny Mauser, eine Kirsche für Franz von Hahn und zwei Kirschen für den dicken Waldemar. Johnny Mauser hatte nichts dagegen, aber Franz von Hahn fand das ungerecht. So bekam er die Kirschkerne noch dazu. Als sie aufgegessen hatten, musste der dicke Waldemar und die anderen beiden mussten auch. Bald wurden die Schatten länger als sie selbst und sie fuhren nach Hause.

Helme Heine

(2) Wählt einen Abschnitt von Seite 60 aus, der euch besonders gut gefällt.

(3) Baut zu dem gewählten Abschnitt ein Tischtheater.

Bastelanleitung für ein Tischtheater

Du brauchst:
- Zeichenkarton
- farbige Stifte
- kleine Holzstäbe
- Schere
- Kleber

So geht's:
Knicke einen festen Zeichenkarton so, dass du ihn aufstellen kannst. Der Zeichenkarton ist der Hintergrund für den Abschnitt, den ihr nachspielen wollt. Gestaltet ihn passend. Male die Figuren auf Karton, schneide sie aus und klebe sie an die Holzstäbe.

(4) Übt die Spielszene.
Spielt sie den anderen Kindern vor.

Der **Titel** sagt dir, wie das Buch heißt.
Der **Autor** oder die **Autorin** haben das Buch geschrieben.
Der **Verlag** hat das Buch hergestellt.

Diese Informationen findest du auf dem Buchdeckel.
Den Buchdeckel nennt man auch **Cover**.

① Sieh dir das Cover an.
Notiere den Titel, den Namen des Autors und den Namen des Verlags.

Heft 4, S. 62 ①
Titel: ... ✓
Autor: ...
Verlag: ...

Wenn du ein Buch vorstellst, nennst du den **Titel**, den **Autor** und den **Verlag**.

② Suche ein Buch aus der Klassenbücherei, dem Internet oder von zu Hause.
Notiere den Titel, den Namen des Autors oder der Autorin und den Namen des Verlags.

Heft 4, S. 62 ②
Titel: ...

1 Gestalte ein Minibuch zu deinem Lieblingsbuch.

So geht's:
Falte ein Blatt Papier in der Mitte.
Schreibe **Lieblingsbuch von …**
auf die Außenseite.
Beschreibe im Innenteil dein Lieblingsbuch.
Male Bilder dazu.

Diese Informationen gehören in den Innenteil:

- Wie heißt dein Buch?
- Wer hat das Buch geschrieben?
- Welcher Verlag hat das Buch hergestellt?
- Wer sind die Hauptpersonen?
- Was passiert in deinem Buch?
- Welche Stelle hat dir am besten gefallen?

2 Stellt eure Lieblingsbücher mit Hilfe eures Minibuches vor.
Beantwortet dazu die Leitfragen aus 1.

Lernportion 9: Autorinnen und Autoren, Bücher und andere Medien kennenlernen

Plenum: mündliche Buchpräsentation, gegenseitig wertschätzende Rückmeldungen zur Vortragsweise geben

① Stefan Gemmel, Autor vieler Kinderbücher, erzählt von sich. Lies die Fragen und Antworten. Ordne richtig zu. Es entsteht ein Lösungswort.

Heft 4, S. 64 ①
1: B
2: …

Bei meinen Lesungen sitze ich nicht nur da, sondern stehe vor meinen Zuhörern, fuchtele mit den Armen und krächze wie ein Rabe oder piepse wie eine Maus. L

1 Warum schreiben Sie Kinderbücher?

2 Wie laufen Ihre Lesungen ab?

3 Haben Sie einen Spitznamen und ein Lieblingsessen?

4 Haben Sie Tiere?

5 Wie heißt Ihr Lieblingstier und was ist Ihre Lieblingsfarbe?

Ich mag Kinder sehr gerne und habe ständig den Kopf voller Geschichten. B

Meine Haustiere heißen „Schnürsenkel“ und „Doppelknoten“. Es sind Schlangen. B

Meine Lieblingsfarbe ist Kunterbunt und mein Lieblingstier ist ein Schokoladenhase. B

Mein Spitzname ist Blubb, weil ich der beste Schwimmer meiner Schule war. Meine Lieblingsessen sind Pizza, Salate und Schokolade. U

② Schreibe zwei Dinge auf, die dir bei Stefan Gemmel gefallen.

Heft 4, S. 64 ②
Mir gefällt, dass …

1 Lies den Text.

Winnewuff und Old Miezecat

Ein Hund und ein Kater erleben Abenteuer wie im Wilden Westen. Alles beginnt mit einer geheimnisvollen Schatzkarte.

Nachdem der Hund Winnewuff und der Kater Old Miezecat die Schatzkarte gemeinsam genauer angeschaut hatten, kamen beide zu dem Schluss, dass die Karte echt sein müsse. Es waren Ohrringe und glitzernde Goldketten darauf abgebildet und in der einen Ecke prangte sogar ein richtiger Stempel! Es bestand also kein Zweifel: Die Karte war echt! Sie war zwar schon alt, doch die eingezeichneten Straßen waren noch gut zu erkennen: Der Schatz war in dieser Stadt versteckt, genauer: im Glitzerweg 22, gleich hinter dem Industriegebiet. „Der Schatz im Glitzerweg", schwärmte Old Miezecat. Winnewuff unterstrich diesen Gedanken mit einem lauten „Hugh!" ◇

Stefan Gemmel

2 Zeichne eine passende Schatzkarte auf ein Blatt Papier.

Lernportion 9: Autorinnen und Autoren, Bücher und andere Medien kennenlernen

MK-Tipp: im Internet mit Hilfe einer Kindersuchmaschine weitere Kinderbücher von Stefan Gemmel finden

9 Zwischen spannenden Büchern wählen

① Lies die Texte.

A

Eine Pranke schlug nach mir. Ich rief laut um Hilfe. Ich verschränkte schützend die Pfoten über dem Kopf und erwartete den Biss des hungrigen Wolfes, dem das Rotkäppchen noch nicht gereicht hatte oder dem es entkommen war. Jetzt war er nicht nur wütend, sondern auch hungrig. Hungrig. Oha, das war ich auch.

Antje Szillat

B

Dann hatte Kim eine Idee. Sie schaute sich die einzelnen Bücher genau an. Schließlich griff sie nach einem besonders dicken grünen Buch. Kim versuchte, es aus dem Regal zu ziehen, aber es ließ sich nicht bewegen. Stattdessen war ein Klicken zu hören. Ein Teil des Regals schob sich zur Seite und gab einen versteckten Gang dahinter frei! Kim ließ das Buch los und sagte verwundert: „Das war ja einfach." Franzi hatte den Detektiv-Rucksack geholt. Vorsichtig traten die drei !!! gemeinsam mit Hanna in den Gang.

Jule Ambach

C

Grelle Blitze zerschneiden den Nachthimmel in gezackte Puzzleteile. Donner grollt, und Regen rauscht herab. Gerade eben, in der Sekunde, als alles hell erleuchtet war, sah es so aus, als würde etwas raketenschnell durch die Wolken jagen! Eine optische Täuschung? Da! Noch mal! Wieder wird die Landschaft ein Augenblinzeln lang in grelles Licht getaucht. Und wieder ist am Himmel dieses fliegende Ding zu sehen. Es nimmt Kurs auf die Stadt. Ist es ein Vogel? Ist es ein Flugzeug? Oder ein UFO? NEIN!

Salah Naoura

② Erkläre und begründe einem Partnerkind, welches Buch du am liebsten lesen würdest.

9 Textausschnitte Buchtiteln zuordnen

(1) Lies die Texte und ordne die Cover zu.

Heft 4, S. 67 ①
1: ...
2: ...
3: ...

1 Doch so lange sie auch suchen, nicht das kleinste Stückchen Abfall liegt hier herum. Keine Tüte, keine Dose, kein Taschentuch, keine Zigaretten-Schachtel, nicht mal ein kleines Bonbon-Papierchen. Haben die Bergtouristen doch nichts hinterlassen? Hat der Bürgermeister sich geirrt? Gegen Abend machen sie Rast auf einem Felsvorsprung.

2 Seine kleine, magere Gestalt steckte in einem Harlekinsanzug, den Mama Dick für ihn aus all den Reststückchen genäht hatte, die ihr beim Schneidern der Kostüme für die Marionettenpuppen übrig geblieben waren. Kleine bunte Flecken aus Samt, aus Leder, aus Goldstoff, aus Fell, aus Seide, aus Filz oder Wolle. Einen Hut hatte er auch nicht und seine fuchsroten Haare standen ihm verstrubbelt um den Kopf. ◈

3 Es fraß angedatschte Äpfel, bis ihm schlecht war, und jagte mit gesenktem Horn irre niedliche Katzenbabys auf Bäume. Nur so zum Spaß natürlich. Davon bekam es ziemlich gute Laune. Und Durst. Also ging es zum Fluss, um etwas zu trinken.

A

B

C

1 Lies die Anleitung und bastle ein Lesemagazin.

Das **Lesemagazin** kann dich die ganze Grundschulzeit über begleiten. In einem **Lesemagazin** kannst du deine Leseerfahrungen aufschreiben.

Bastelanleitung für ein Lesemagazin

Du brauchst:
- 3 DIN-A4-Blätter
- ein Band
- Stifte

So geht's:
Falte die DIN-A4-Blätter in der Mitte. Lege sie so ineinander, dass ein kleines Buch entsteht. Die Blätter kannst du mit dem Band zusammenhalten.

Auf das Cover schreibst du **Lesemagazin von** und deinen Namen. Teile die restlichen Seiten so ein:

Seite 1–2: Diese Bücher kenne ich vom Vorlesen:
Seite 3–4: Diese Bücher habe ich selbst gelesen:
Seite 5–6: Das lese ich gern:
Seite 7–8: Diese Bücher habe ich vorgestellt:
Seite 9–10: Meine Büchereibesuche:

2 Notiere deine Leseerfahrungen regelmäßig in deinem Lesemagazin.

① Lies, wie Herr Gülay die Bücherei vorstellt. Ergänze die fehlenden Wörter und schreibe sie in der richtigen Reihenfolge in dein Heft.

Heft 4, S. 69 ①
ausleihen ✓, …

Krimis	Eltern	spielen	ausleihen	hören	Fußboden

„Bei uns gibt es etwa 2000 Bücher für Kinder und Jugendliche. Du kannst sie umsonst für vier Wochen ___. Dazu brauchst du einen Büchereiausweis.

Es gibt Regale für Bilderbücher, Erzählungen, Sachbücher und Hörbücher. In den Regalen sind die Bücher geordnet. Bei Erzählungen findest du Bücher über Abenteuer, Bücher über Freundschaft, spannende Comics oder auch ___.

Bücher über Tiere, Fahrzeuge oder Sport stehen bei den Sachbüchern. Bilderbücher sind in großen Kästen auf dem ___.

In unserer Bücherei findest du eine große Auswahl an CDs und DVDs, Blu-Rays und Zeitschriften. Es werden auch viele Spiele angeboten. Du kannst sie mit nach Hause nehmen oder direkt bei uns ___.

Alle zwei Wochen wird dienstags in der Kinderbücherei vorgelesen. Hier können Kinder ab fünf Jahren lustige, spannende oder abenteuerliche Geschichten ___.

Kinder ab sechs Jahren können täglich eine halbe Stunde kostenlos im Internet surfen. Sie brauchen dazu ihren Büchereiausweis und das Einverständnis ihrer ___."

(1) Lies den Text.

Das Sams

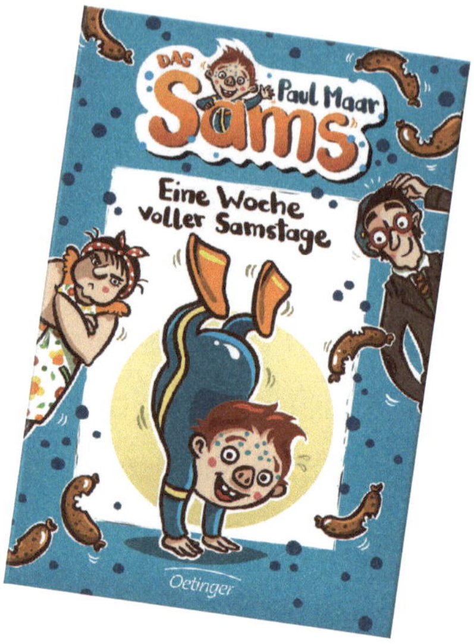

Am Sonntag scheint die Sonne.
Am Montag kommt Herr Mon.
Am Dienstag hat Herr Taschenbier Dienst.
Am Mittwoch ist die Mitte der Woche.
Am Donnerstag donnert es.
Am Freitag hat Herr Taschenbier frei.
Und am Samstag kommt das Sams!

nach Paul Maar

Paul Maar ist ein beliebter und erfolgreicher Kinderbuchautor. Er hat sich das kleine, freche, rüsselnasige Fabelwesen Sams ausgedacht. Es gibt einige Bücher und Hörspiele über das Sams und sogar einen Kinofilm.

Doch wie kann so ein Sams in einem Film mit richtigen Schauspielern dargestellt werden?

Die Schauspielerin Christine Urspruch ist nur 1,32 Meter groß. Sie übernahm diese Rolle im Film. Jeden Tag zwängte sie sich in einen blauen Spezial-Taucheranzug, der extra angefertigt worden war. Der Taucheranzug ließ sich sogar aufblasen und brachte in der Szene im Kaufhaus die Herrenanzüge zum Platzen.

Lernportion 9: Autorinnen und Autoren, Bücher und andere Medien kennenlernen

MK-Tipp: die Seite des Sams im Internet besuchen

Eine Maskenbildnerin arbeitete jeden Morgen zwei Stunden am Rüssel, an den Haaren und an der Schminke, damit die Schauspielerin wie das Sams aussah. Bis zu drei Nasen und Ohrenpaare wurden pro Drehtag benötigt.

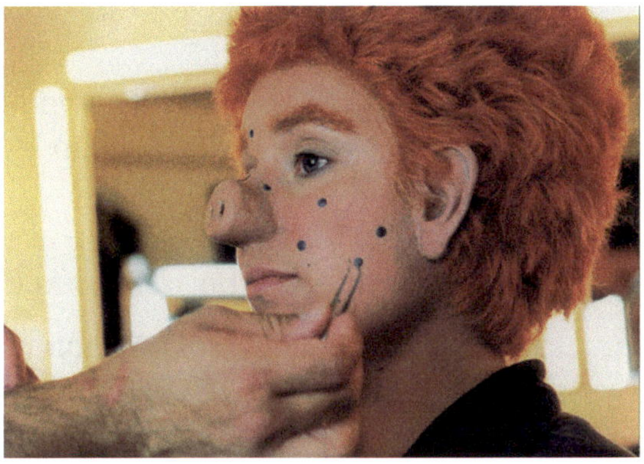

Aus Marzipan und Zuckerguss wurden die Papierkörbe, die Teller und die Seife hergestellt. Das Sams konnte nach Herzenslust immer wieder hineinbeißen.

In einer Szene wünscht sich Herr Taschenbier den Nordpol in sein Zimmer. Dafür brachte ein Raubtierspezialist den Eisbären Polaris mit. Während der Dreharbeiten musste der Eisbär mit geschälten Apfelsinen und kleinen Kuchen bei Laune gehalten werden.

(2) Der Film „Das Sams“ bekam den Deutschen Filmpreis in Gold. Welchem Film oder Buch würdest du einen Preis geben? Begründe. Tauscht euch darüber aus.

Einsterns Schwester 2

Themenheft 4
Lesen – mit Texten und weiteren Medien umgehen

Herausgegeben von: Roland Bauer, Jutta Maurach

Erarbeitet von: Susanne Famulla
in Zusammenarbeit mit der Redaktion Grundschule Deutsch 2–4

Begutachtung: Melanie Beckmann (Niedersachsen), Katrin Bertram (Brandenburg), Angelika Borrmann (Schleswig-Holstein), Claudia Hoeschen (Schleswig-Holstein), Alexandra Mangold (Baden-Württemberg), Julia Schäfer (Hessen), Simone Schick (Nordrhein-Westfalen), Carmen Weidhase (Thüringen)

Redaktion: Sabine Gerber, Milena Lemke, Kristina Meyer, Martina Schramm

Illustration: Yo Rühmer, Frankfurt am Main

Umschlaggestaltung: Cornelia Gründer, agentur corngreen, Leipzig

Layout und technische Umsetzung: lernsatz.de

www.cornelsen.de

1. Auflage, 1. Druck 2022

Alle Drucke dieser Auflage sind inhaltlich unverändert
und können im Unterricht nebeneinander verwendet werden.

Druck: H. Heenemann, Berlin

ISBN 978-3-06-084855-3 (Themenheft, Leihmaterial)

PEFC
PEFC/04-31-1156

PEFC zertifiziert
Dieses Produkt stammt aus nachhaltig bewirtschafteten Wäldern und kontrollierten Quellen.

www.pefc.de